Mein großes Buch vom Bauernhof

Geschichten vom Heidebauernhof
Erzählt von Maxi, dem Lämmchen

Geschichten vom Waldbauernhof
Erzählt von Mohrle, dem Kaninchen

Geschichten vom bayerischen Bauernhof
Erzählt von Biba, dem Entenküken

Geschichten vom Bergbauernhof
Erzählt von Poppi, dem Welpen

Schwager & Steinlein

Text und Idee: Ingrid Pabst
Illustrationen von Anne Suess
ISBN 978-3-89600-161-0
Art.-Nr. 29161

Geschichten vom Heidebauernhof

Erzählt von
Maxi, dem Lämmchen

Hier auf dem Heidebauernhof wohne ich. Meine Mama und mein Papa sind mit den anderen Schafen auf der Wiese. Hinter mir in dem Stall kannst du die Esel stehen sehen. Die Brieftauben wohnen in einem kleinen grünen Häuschen.

1898

Hier siehst du unsere Kühe auf der Weide. Den ganzen Tag grasen sie dort. Kühe sind die weiblichen Rinder. Die männlichen heißen Stiere, und die Kinder nennt man Kälber. Die lernst du auf der nächsten Seite kennen. Alle Rinder, nicht nur die schwarzweißen, wie wir sie haben, sind groß, ziemlich schwer und haben ein breites Maul. Die Nasenlöcher sind immer feucht, und alle Rinder haben eine große kräftige Zunge, mit der sie das Gras abreißen können. Die Augen sind groß und samtig und sitzen an der Seite. Die Ohren sind beweglich und sitzen unter den Hörnern. Der lange Schwanz hat am Ende ein Haarbüschel. Damit wedelt die Kuh die Fliegen fort. Kühe beißen nicht, aber sie können stoßen.

Auf dem Heidebauernhof haben wir nur Kühe. Sie fressen jeden Tag bis zu einem Zentner Gras, das sind 50 Kilogramm! Dafür brauchen sie viele Stunden. Aber Kühe fressen das Gras erst einmal, ohne es zu kauen. Wenn sie satt sind, legen sie sich hin. Dann stoßen sie das Gras wieder auf und zerkauen es gründlich. Deshalb nennt man die Kuh auch Wiederkäuer. Zum Verdauen braucht die Kuh vier Mägen.

Jede Kuh wird morgens und abends gemolken. Dann ist ihr Euter mit den vier Zitzen rund und prall gefüllt. Eine Kuh kann an einem Tag bis zu 30 Liter Milch geben.

Jede Kuh bekommt alle ein bis zwei Jahre ein Kälbchen. Es dauert etwa neun Monate, bis das Kälbchen in der Mutterkuh herangewachsen ist und geboren wird. Die Kälbchen mag ich am liebsten. Wenn sie noch ganz klein sind, stehen sie alle zusammen in einem Stall. Erst wenn sie größer sind, dürfen sie auf die Weide. Die Stierkälbchen werden verkauft. Die Bäuerin füttert die Kälbchen mit einem Eimer, an dem ein Sauger befestigt ist. In den Eimer kommt Milch und ein Extrafutter, damit die Kälber gut wachsen und gesund bleiben.

Ich würde auch gerne einmal die Milch versuchen, aber die Bäuerin lässt mich nicht, und die Kälbchen haben immer so großen Hunger, dass sie mir auch nichts abgeben. Die Bäuerin muss gut aufpassen, dass jedes Kälbchen Milch bekommt, denn manche von ihnen sind so hungrig, dass sie versuchen, nochmals an die Reihe zu kommen, obwohl sie schon getrunken haben.

Kälbchen kommen während des ganzen Jahres auf die Welt. In unserem Kuhstall gibt es jeden Monat eines.

Wenn die Kälbchen auf die Welt kommen, können sie sehen und auch laufen, aber sie sind noch sehr wackelig auf den Beinen. Sie werden mit Stroh trockengerieben und kommen gleich in eine warme Box, damit sie nicht frieren.

Im Frühling gibt es auf dem Feddersen-Hof viel zu tun. Wir züchten nämlich auch Blumen. Tulpen und Narzissen haben wir schon im Herbst als Zwiebeln in den Boden gesetzt. Sie beginnen jetzt zu wachsen, und überall sind schon die grünen Spitzen zu sehen. Bald blühen auch die Schneeglöckchen und die Krokusse, der Ginster und das Vergissmeinnicht.

Andere Blumen werden jetzt im Treibhaus vorgezogen und später, wenn es richtig warm geworden ist, ins Freie verpflanzt. Dazu gehören zum Beispiel Margeriten und Löwenmäulchen. Auch die roten Geranien für die Balkonkästen haben im Treibhaus überwintert.

Das Treibhaus ist ein kleines Haus aus Glas, in dem es warm ist. Dort werden jetzt auch die Samen für das Gemüse und den Salat in die Erde gesetzt. Da gibt es Tomaten und Kopfsalat, Zucchini und Kürbisse, Bohnen und Rettiche, Mohrrüben und Lauch.

In jeden kleinen Topf kommt ein wenig Blumenerde und ein Samenkorn. Wenn die Erde jetzt feucht gehalten wird, beginnt der Samen bald zu sprießen.

Bald ist der Topf zu klein geworden, und die Pflanze muss in einen größeren Topf umgetopft werden. Später im Frühsommer wird sie dann nach draußen in das Gemüsebeet gepflanzt. Beim Umtopfen helfen Bettina und ihre Freundin Floriane kräftig mit. Die beiden wollen später einmal Gärtnerinnen werden.

So sieht es auf dem Heidebauernhof im Sommer aus. Gerade wird die Milch abgeholt.

Jetzt wird es aber Zeit, dass ich dir einmal meine Familie vorstelle. Wir sind Heidschnucken, also ganz besondere Schafe. Wir sind ein bisschen kleiner als andere Schafe. Am liebsten fressen wir Gras, Kräuter, Blumen und besonders gerne auch kleine Baumpflänzchen, die die anderen Schafe nicht mögen.

Alle Schafe sind Wiederkäuer wie Kühe. Wir leben in einer Herde zusammen, weil wir uns da sicherer fühlen. Am liebsten fressen wir zusammen, schlafen gemeinsam, und die älteren Lämmer, so heißen die Kinder der Schafe, spielen zusammen. Dabei machen sie lustige Sprünge. Das männliche Schaf wird Schafbock genannt.

Im Winter können wir Schafe nicht draußen bleiben, da stehen wir alle gemeinsam im Stall und wärmen uns gegenseitig. Erst im Frühling gehen wir ins Freie. Das ist auch die Zeit, in der die Lämmer geboren werden. Etwa fünf Monate wächst ein kleines Lamm in seiner Mutter heran, bevor es im Frühling geboren wird. Danach kann es gleich stehen, aber es braucht die Mutter noch, weil sie es beschützt und auch ernährt.

Schwarze Schafe gibt es fast in jeder Schafherde. Eigentlich sind sie nicht wirklich schwarz, sondern braun. Es sind ganz normale Schafe, sie sehen nur etwas anders aus als die anderen.

Wir Schafe liefern Schafwolle, aber auch Fleisch und Milch für Käse.

Im Frühsommer, wenn es gerade warm geworden ist, werden die Schafe geschoren. Das macht der Bauer aber nicht selbst. Dazu kommt ein Mann, der das besonders gut kann, der Schafscherer.

Schafe bekommen jedes Jahr ein ganz dichtes, dickes Fell, das immer wieder nachwächst.

Ich habe noch kein dickes Fell, aber wenn ich einmal groß bin, dann bekomme ich es auch, hat meine Mama gesagt. Im Sommer, wenn es schon warm ist, wird das Fell sehr kurz geschoren. Der Schafscherer macht das mit einem Gerät, das so ähnlich arbeitet wie ein Rasierapparat. Das tut nicht weh, aber die Schafe sind in den ersten Tagen nach der Schur sehr empfindlich gegen Kälte. Aber das wollige Fell wächst ja bald wieder nach.

Aus den abgeschnittenen Haaren wird Wolle gemacht. Der Bauer verkauft die Schafwolle auf dem Markt. Die Wolle kann dann gefärbt und gesponnen werden, und schließlich kann jemand daraus einen warmen Pullover stricken, der dich auch im Winter schön warm hält. Bis dahin ist auch bei den Schafen die Wolle wieder nachgewachsen, so dass sie auch im Winter nicht frieren müssen. Das finde ich schön. Aber ich werde wohl bis nächstes Jahr warten müssen, bis meine Haare lang genug zum Schneiden sind. Hier kannst du sehen, wie die Schafe geschoren werden und wie viel Wolle das ergibt. Hast du auch Kleidungsstücke aus Wolle? Ein Paar Socken oder einen Pullover?

Neben dem Haus gibt es einen umzäunten Platz, dort sind die Beete für den Gemüsegarten. Jetzt im Frühsommer werden die Beete hergerichtet. Die Erde wird umgegraben, von Unkraut befreit und dann gedüngt. Das ist wichtig, damit die kleinen Pflanzen auch gut wachsen können und genügend Nahrung aus der Erde ziehen können.

Die Bäuerin pflanzt Salat, Mohrrüben, Kohlrabi, Porree, Erbsen, Bohnen und Kohl an.

Für jede Gemüseart wird ein Beet vorbereitet. Die kleinen Pflanzen aus dem Treibhaus wachsen in ein paar Wochen zu stattlichen Pflanzen heran. Am Rande des Gemüsegartens werden kleine Tomatenpflanzen gesetzt. Dort bekommen sie am meisten Sonne, das mögen die Tomaten. Die Bohnen wachsen übrigens an Stangen nach oben. Deshalb heißen sie Stangenbohnen.

Das ist der Gemüsegarten mit den vielen Beeten. Den ganzen Sommer über müssen das Unkraut gezupft und die Schnecken entfernt werden.

Das Gemüse ist für die Familie Feddersen bestimmt. Auf dem Hof leben nicht nur Herr und Frau Feddersen, sondern auch Bettina, Franz und Matthias, die Kinder der Familie Feddersen, und die Oma und der Opa. Im Sommer brauchen die Feddersens kein Gemüse zu kaufen, es kommt alles aus dem Garten.

Für den Winter, wenn draußen kein Gras wächst, wird jetzt schon vorgesorgt. Auf den Wiesen, auf denen gerade keine Kühe oder Schafe weiden, wird das Gras mit dem Mähwerk gemäht.

Hier siehst du, wie Herr Feddersen mit dem Traktor auf die Wiese fährt. Das Kreiselmähwerk mäht das Gras ganz kurz und lässt es auf dem Boden liegen. Bettina fährt gerne auf dem Traktor mit, aber sie muss sich mit den anderen Kindern abwechseln.

Wenn das Gras gemäht ist, wird es mit dem Heuwender in lange Reihen gebracht. Die vielen kreisförmig angebrachten Rechen machen das ganz automatisch. Das Gras bleibt zum Trocknen ein bis zwei Tage auf der Wiese liegen. In dieser Zeit darf es nicht regnen, damit das Gras nicht verdirbt.

Früher haben die Bauern alles mit großen Rechen von Hand gerecht. Dann wurden die trockenen Grashaufen mit der Heugabel auf einen Wagen gehoben.

Heute macht das der Ladewagen. Er sammelt das Heu auf und wirft es auf den Anhänger. Manche Heuwagen pressen das Heu erst zu Ballen zusammen und schleudern es dann auf den Anhänger. Dann muss aber ein Helfer oben auf dem Wagen stehen und die Ballen in ordentliche Reihen legen, damit genug Heu auf den Wagen passt.
Das Gras wird dann in ein Silo gebracht. Es gibt Hochsilos und Fahrsilos. Ein Hochsilo ist ein großer Turm, in den von oben das Gras eingefüllt wird. Im Fahrsilo wird das Gras aufeinander geschichtet und mit einer großen Plane zugedeckt.
Im Silo bleibt das Gras haltbar und kann im Winter verfüttert werden.

So sieht der
Heidebauernhof
im Herbst aus.
Zum letzten Mal
wird das Gras
gemäht. Es gibt
nur noch wenige
Blumen. Das
Gemüsebeet
ist leer.

Die letzten frischen Mohrrüben hat auch schon jemand gefressen. Wer das wohl war? Natürlich Moritz und Elsa, die Esel vom Heidebauernhof.

Esel sind übrigens nicht mit Pferden verwandt, auch wenn sie so ähnlich aussehen. Sie sind viel, viel kleiner, sogar kleiner als Ponys, und haben ein graues oder graubraunes Fell. Man kann auf ihnen reiten. Bettina und Floriane versuchen es ab und zu. Aber Moritz und Elsa mögen das nicht so gerne. Wenn sie spazieren gehen und ein paar saftige Kräuter finden, bleiben sie einfach stehen. Sie sind auch schon einmal umgekehrt und wieder zurück zum Hof gelaufen, weil ihnen das Reiten nicht gefallen hat. Weil Esel so etwas oft machen, sagt man, dass sie störrisch sind.

Bei uns werden die Esel nur gehalten, weil sie so nett aussehen. In anderen Ländern müssen sie schwere Lasten tragen, denn das können sie besonders gut. Esel sind geduldige, ruhige Tiere, sie sind sehr freundlich.

Sie haben lange bewegliche Ohren, daran sind sie gut zu erkennen. Esel fressen Gras wie Pferde, aber auch Heu, Gerste, Mais, Äpfel und am allerliebsten natürlich Mohrrüben. Deshalb werden im Gemüsegarten besonders viele Mohrrüben angebaut, damit die Esel auch im Winter nicht auf ihre Lieblingsspeise verzichten müssen. Die Möhren werden in einem dunklen Keller gelagert.

Das ist der Heidebauernhof
im Winter. Die Kühe und
die Esel sind im Stall. Auch
wir Schafe haben es jetzt
drinnen mollig warm. Nur
die Kinder sind draußen
und vergnügen sich
im Schnee.

Im Winter gibt es auf dem Heidebauernhof nicht mehr so viel zu tun. Alle Tiere müssen natürlich jeden Tag gefüttert werden. Auch brauchen sie jeden Tag frisches Stroh, damit sie weich und sauber liegen. Aber die Felder sind abgeerntet, Blumen- und Gemüsegarten ruhen jetzt bis zum Frühling.

Im Winter haben die Feddersens Zeit, um Maschinen und Traktoren zu reparieren. Manchmal müssen auch ein paar Dachziegel auf dem Stall oder der Scheune erneuert werden.

Der Winter ist auf dem Heidebauernhof auch die Jahreszeit, in der viele Freunde eingeladen werden.

Bei uns gibt es nur wenige Hügel, auf denen man Schlitten fahren kann. Deshalb machen Bettina und Matthias, Franz und Floriane eine Schneeballschlacht. Dazu haben sie eine Festung aus Schneeblöcken gebaut. Sogar eine kleine Fahne weht auf dem Türmchen.

Sabine und Jan, die Freunde aus dem Dorf, sind noch zu klein für die Schneeballschlacht. Sie bauen einen Schneemann. Dafür haben sie von Frau Feddersen eine Mohrrübe für die Nase und zwei Kohlen für die Augen bekommen. Zum Schluss bekommt der Schneemann noch den Schal von Sabine und die Mütze von Jan. Sieht er jetzt nicht wunderschön aus?

Wenn ganz viel Schnee gefallen ist, holt Herr Feddersen manchmal das Pferd aus dem Stall und den großen Schlitten. Dann fahren Bettina, Matthias und Franz mit ihren Eltern durch die verschneite Winterlandschaft. Wenn es jetzt noch bis Weihnachten schneit, dann ist es ein wunderschönes Jahr gewesen.

Hier in der Scheune lebt unsere Schleiereule. Die Mäuse sind gerne hier, weil es immer warm ist. Sie können auch immer wieder einmal ein Körnchen finden. Die Kinder spielen hier gerne Verstecken, aber das ist gefährlich, weil auch alte Maschinen und Geräte hier stehen. Wen kannst du noch in der Scheune entdecken?

Geschichten
vom Waldbauernhof
Erzählt von
Mohrle, dem Kaninchen

Im Frühling gibt es auf dem Waldbauernhof viele Tierkinder. Hier siehst du den Schweinestall und den Stall für die Arbeitspferde.

Auf dem Acker werden die Kartoffeln und die Kohlköpfe gepflanzt.

Unser Hof gehört der Familie Hölzl. Hier im Schweinestall siehst du Franz und Theresa, die Kinder von Bauer Hölzl. Sie helfen schon tüchtig mit.

Die große Muttersau hat gerade Ferkel bekommen. Theresa hat eines auf dem Arm und streichelt es.

Etwa zweimal im Jahr kann eine Sau zehn bis zwölf Ferkel bekommen. Sie können gleich laufen. Die kleinen Schweine sehen drollig aus. Sie haben eine rosige Haut und einen großen Kopf mit kleinen Augen und einem kleinen, runden Rüssel. Mit dem können sie gut riechen. Der kurze dünne Schwanz kann sich mit der Zeit ringeln. Schweine sind sehr klug und sehr gefräßig. Sie fressen gerne Kartoffeln oder auch Speisereste und trinken sehr viel Wasser. Schweine sind saubere Tiere. Wenn sie sich im Schlamm suhlen, tun sie das, um ihre Haut von Ungeziefer zu säubern. Ansonsten liegen sie gerne auf trockenem Stroh. Die kleinen Ferkel brauchen viel Wärme, deshalb hat Bauer Hölzl eine Wärmelampe aufgehängt. Wenn die Kleinen nicht gerade von der Mutter gesäugt werden, liegen sie unter der Lampe und schlafen. Sie müssen schließlich noch wachsen. Ein ausgewachsenes Schwein wiegt etwa hundertmal mehr als ein neugeborenes Ferkel. „Hallo, kleines Ferkel, wollen wir spielen?"

„Ich mag mich lieber ein bisschen ausruhen. Vielleicht morgen?"

Als Nächstes zeige ich dir den Stall mit den Arbeitspferden. Früher hatten die Pferde auf den Bauernhöfen viel zu tun. Sie zogen den Pflug und die Egge und wurden vor den Erntewagen gespannt. Heute benutzt Bauer Hölzl dazu den Traktor. Im Wald stehen die Bäume aber oft so eng, dass Bauer Hölzl mit dem Traktor nicht hineinfahren kann. Dann nimmt er die Arbeitspferde zu Hilfe. Sie sind sehr stark und haben ein ruhiges Wesen. Mit Kraft und Ausdauer ziehen sie schwere Baumstämme aus dem Wald. Besonders schön sind die Haflinger. Das sind die Pferde mit der hellen Mähne und dem hellen Schweif.
Für die Waldarbeit bekommen die Pferde nicht nur ein Halfter, sondern auch ein Kummet angelegt. Das ist ein gepolsterter Bügel, der dem Pferd um den Hals gelegt wird. An den Haken des Kummets werden dann die Seile oder Ketten befestigt, mit denen das Pferd die Holzstämme zieht. Der Bügel drückt nicht auf den Hals, sondern auf die Schultern des Pferdes, wenn es nach vorne geht. Es muss das Gewicht also nicht tragen, sondern sich dagegen stemmen.

Wenn die Pferde gerade nicht arbeiten müssen, können Franz und Theresa und ihre Freunde mit ihnen ausreiten. Haflinger gelten als sehr trittsichere und ruhige Pferde. Man sollte aber schon gut reiten können, denn sie sind groß.

Jetzt geht es hinaus auf den Acker, denn dort werden die Kartoffeln gepflanzt.

Von der letzten Kartoffelernte hält der Bauer einige Kartoffeln zurück. Sie werden gelagert und keimen im Frühjahr. Dann kommen diese Saatkartoffeln oder Pflanzknollen in die Kartoffel-Legemaschine. Diese Maschine wird hinten an den Traktor angehängt. Natürlich muss der Kartoffelacker vorbereitet sein. Bauer Hölzl hat im letzten Herbst die Erde umgepflügt und sie im Frühjahr mit der Egge bearbeitet.
Jetzt fährt der Traktor los. Die Kartoffeln fallen einzeln aus der Maschine auf den Acker. Jeweils zwei Metallscheiben häufen etwas Erde auf die Knollen, damit sie gut festwachsen können. Später wächst aus der Knolle die Kartoffelpflanze, die wiederum etwa acht bis zwölf neue Kartoffelknollen bildet. Diese werden dann geerntet.

Das ist mein Lieblingsacker. Hier wird gerade Kohl gepflanzt. Der schmeckt mir besonders gut. Bauer Hölzl hat drei Helfer angestellt. Sie fahren auf der Pflanzmaschine hinter dem Traktor mit. Vor sich haben sie die Kästen mit den kleinen Kohlpflanzen. Mit der Hand werden die Setzlinge in die Erde gepflanzt. Später werden die Pflänzchen noch gewässert. Dann wird das ganze lange Beet mit einer Folie überzogen. Die Kohlköpfe bleiben so lange Zeit vor Kälte und zu viel Feuchtigkeit geschützt. Auch Schädlinge können den kleinen Pflänzchen nichts anhaben. Erst wenn die Pflanzen schon groß und stark geworden sind, wird die Folie entfernt. Wenn im Spätsommer und Herbst der Kohl reif geworden ist, wird er geerntet.

Im Sommer geht Bauer Hölzl oft mit dem Förster in den Wald. Sie beobachten die Wildschweine, die Rehe und Hirsche und pflegen die kleinen Bäume. Ein Wald braucht viel Pflege. Alte, abgestorbene Bäume müssen aus dem Wald gebracht werden. Dafür werden neue Bäume gepflanzt. Hier markieren sie einen kranken Baum, der gefällt werden muss.

Das Wildschwein sieht so ähnlich aus wie ein Hausschwein. Es hat einen gedrungenen, dicken Körper, einen großen Kopf mit kleinen Augen, einen kurzen Rüssel und einen kleinen Schwanz. Aber es hat keine rosafarbene Haut, sondern ein dichtes grauschwarzes Fell mit vielen Borsten, die die Haut vor Verletzungen durch Äste und Dornen schützen.

Das männliche Wildschwein heißt Keiler. Bei ihm wachsen zwei Untereckzähne zu großen gebogenen Hauern heran. Mit ihnen kann der Keiler graben, aber auch ganz schön zustoßen und gefährlich werden. Die Hauer können bis zu 30 Zentimeter lang werden.

Das weibliche Wildschwein heißt Bache und kann ein- bis zweimal im Jahr Junge bekommen. Die Kinder der Wildschweine heißen Frischlinge. Ihr Fell ist heller und hat an den Seiten gelbliche Längsstreifen.

Wildschweine fressen am liebsten Wurzeln, Früchte, Pilze, Würmer, Insekten, Schnecken und Aas. Gerne suhlen sie sich in großen Pfützen und im Morast der Wälder. Deshalb kommen sie in trockenen Wäldern eigentlich nicht vor. Am sichersten lassen sich Wildschweine von einem Hochstand aus beobachten. So machen es jedenfalls Bauer Hölzl und der Förster.

Die Rehe und Hirsche im Wald sind nicht ganz so scheu wie die Wildschweine. Sie kommen manchmal aus dem Wald heraus und äsen das Gras auf den nahe gelegenen Wiesen.

Im Sommer ist das Fell oben rötlichbraun und an der Unterseite weiß. Im Winter wird das Fell bis auf den weißen Fleck, den Spiegel, graubraun. Rehe sind Wiederkäuer wie Kühe und fressen Gras und Kräuter, aber auch Zweige und Triebe von jungen Bäumen und Büschen und Rinde.

Deshalb können sie dem Wald auch schaden. Die jungen Baumpflanzen können nicht mehr richtig wachsen, wenn die Rehe die Triebe abfressen. Sicher hast du im Wald schon einmal ein eingezäuntes Gebiet gesehen, in dem kleine Bäume wachsen. So ein Gebiet nennt man Schonung.

Das männliche Reh, der Rehbock, wird ungefähr 80 Zentimeter hoch und wiegt etwa 35 Kilogramm. Er trägt ein Geweih. Das Geweih besteht übrigens aus Knochen. Wenn es fertig ausgebildet ist, kann der Bock es abwerfen. Es wächst jedes Jahr wieder nach.

Das weibliche Reh bringt im Mai meist zwei Junge auf die Welt, die Rehkitze. Sie haben auf beiden Seiten viele kleine weiße Flecken im Fell. Die Kitze werden von ihren Müttern lange im Dickicht versteckt gehalten. Erst wenn sie schnell laufen können, unternehmen die Rehfamilien Ausflüge außerhalb des Waldes.

Der Fischweiher ist im Sommer die Heimat von Karpfen und anderen kleineren Fischen.

Im Frühjahr kauft Bauer Hölzl junge Karpfen und setzt sie im Weiher aus. Weil der Teich nicht sehr tief ist, kann das Wasser sehr warm werden. Das mögen die Karpfen. Wenn sie groß und schwer geworden sind, werden sie gefangen und verkauft.

Oft kommen aber die Fischreiher zu Besuch. Diese großen Vögel fangen die Fische im Weiher und fressen sie. Deshalb mag Bauer Hölzl sie gar nicht. Im dichten Schilf am Weiherrand leben noch viele andere Wassertiere.

Besonders die Frösche haben sich hier angesiedelt. Den ganzen Sommer kann man sie quaken hören. Aber auch Libellen, Wasserläufer und Käfer sieht man auf dem Wasser.

Am liebsten würden die Kinder im Sommer in den Weiher springen, um sich abzukühlen, aber das würde die Fische stören. Theresa, die es einmal versucht hat, ist kreischend aus dem Teich gehüpft. „Da knabbert ein Fisch an meinem Zeh!", hat sie gerufen.

Im Winter, wenn der Weiher zugefroren ist, dient er den Kindern als Eisfläche. Die Kinder können dann mit ihren Freunden aus der Nachbarschaft darauf Schlittschuh laufen oder Eishockey spielen.

Neben dem Fischweiher liegt die große Streuobstwiese. Hier gibt es viele Kirschbäume, Apfel- und Pflaumenbäume. Im Sommer werden die Kirschen reif. Es gibt Süßkirschen und Sauerkirschen. Die Bäuerin steigt auf die Leiter, pflückt die Kirschen und legt sie in kleine Steigen. So nennt man die Obstkistchen, in denen die Früchte auf dem Markt verkauft werden. Theresa und Franz helfen mit, aber sie naschen auch gerne die Kirschen. Süßkirschen kann man gleich essen, aber auch Marmelade, Saft oder Kompott davon kochen. Sauerkirschen werden zu Kompott oder Saft gekocht und für den Herbst und den Winter aufbewahrt.

Einige Zeit später, etwa im September, werden die blauen Pflaumen reif. Sie werden gepflückt und bald auf dem Markt verkauft. Ein paar behält die Bäuerin natürlich und macht daraus einen guten Pflaumenkuchen.

Von den Apfelbäumen fallen viele Äpfel herunter. Das ist das so genannte Fallobst. Man kann es einsammeln und zu einer Kelterei bringen. Dort werden die Äpfel zu Saft oder Most verarbeitet. Bauer Hölzl bekommt für die abgelieferten Äpfel entweder Geld oder frisch gekelterten Apfelsaft. Der schmeckt allen und ist sehr erfrischend und gesund.

Die anderen Äpfel werden nach Sorten geordnet in Steigen gelegt und verkauft. Da gibt es grüne und gelbe, manche sind klein und säuerlich, andere groß und süß. Einige Äpfel werden eingelagert, andere können gleich gegessen werden. Oma Hölzl backt einen Apfelkuchen für den Sonntag. Auch Apfelkompott und Apfelmus werden eingekocht.

Im Herbst werden auf den Äckern Kohl und Kartoffeln geerntet. Dabei gucke ich besonders gerne zu, denn es fällt immer etwas Kohl für mich ab. Auf der nächsten Seite erkläre ich dir, wie es bei der Kartoffelernte zugeht.

Zur Kartoffelernte fahren ein Traktor mit Anhänger und ein zweiter Traktor mit dem großen Kartoffelsammelroder auf den Acker. Der Pflug gräbt die ganze Kartoffelpflanze mit allen Knollen aus der Erde und hebt sie auf das Krautband. Dort werden die Blätter und Stängel der Krautpflanze von den Knollen getrennt. Auch die Erde wird hier abgeschüttelt.

Auf dem Ring-Elevator fahren die Knollen nun nach oben. Das Kartoffelkraut wird hinten ausgeworfen. Oben auf der Maschine stehen zwei Helfer. Sie lesen die schlechten Kartoffeln aus. Die übrigen Kartoffeln fallen auf ein Überladeband. Das transportiert sie bis zum Anhänger.

Damit die Kartoffeln nicht daneben fallen, müssen die Traktoren immer ganz nahe beieinander bleiben. Das ist eine schwierige Arbeit.

Bei manchen Sammelrodern werden die Kartoffeln auch noch automatisch nach Größen sortiert und gleich in Kästen gelegt. Die Kartoffeln werden von Bauer Hölzl verkauft. Nur ein paar behält er zurück, um im nächsten Jahr wieder neue Kartoffeln pflanzen zu können. Die Kartoffeln kannst du dann im Laden kaufen.

Oft bleiben auf dem Acker Kartoffeln zurück, die die Maschine nicht aufgesammelt hat. Deshalb gehen die Kinder und Bäuerin Hölzl mit Säcken hinter der Maschine her und sammeln die übrigen Kartoffeln ein.

Am Abend wird auf dem Kartoffelacker ein kleines Fest gefeiert. Dazu zündet die Familie Hölzl ein Lagerfeuer an. Dann werden die frischen Kartoffeln an dünnen Stecken über dem Feuer geröstet. Hast du schon einmal geröstete Kartoffeln gegessen?

Ich stelle dir jetzt einmal meine Familie vor. Wir Kaninchen sind, wie du sicher weißt, kleiner als Hasen und haben kürzere Ohren. Am liebsten fressen wir Gras, Löwenzahnblätter, Kohlblätter und Mohrrüben.

Manchmal kommt Theresa und bringt uns Salatblätter. Die schmecken natürlich besonders gut. Wir haben einen Käfig, der mit Stroh ausgelegt ist. Darin können wir schlafen und uns ausruhen. Sonst hoppeln wir auf der Wiese herum un suchen uns unser Futter.

Kaninchenmütter können bis zu dreimal im Jahr Junge bekommen. Oft kommen zehn kleine Kaninchen gleichzeitig auf die Welt. Am Anfang sind sie noch ganz nackt und hilflos. Aber schon nach drei bis sechs Wochen können sie umherhüpfen und haben ein richtiges Fell. Wenn Kaninchen an Menschen gewöhnt sind, lassen sie sich gerne streicheln. Wie bei fast allen Nagetieren wachsen die Zähne nach, wenn sie einmal abbrechen sollten.

Einmal habe ich bei uns auf der Wiese einen Igel gesehen. Ich bin ganz neugierig hingehoppelt und wollte an ihm schnuppern. Da hat er sich ganz schnell zu einer Kugel zusammengerollt. Puh, bin ich erschrocken, als seine Stacheln in meine Nase gepiekst haben! Dabei wollte ich doch nur mit ihm spielen.

Wenn es Abend wird, gehen wir zurück in unseren Stall. Da sind wir vor den Füchsen sicher. Die Füchse leben im Wald, aber sie kommen auch in die Nähe von Höfen, und uns Kaninchen können sie gefährlich werden.

Im Winter hat es auf dem Waldbauernhof viel geschneit. Die Kinder vergnügen sich auf dem zugefrorenen Weiher und rodeln die Hänge hinunter. Bauer Hölzl fährt gerade mit seinen Pferden und dem Schlitten in den Wald, um einen Tannenbaum zu holen.

Im Winter gibt es im Wald viel zu tun. Alte Bäume, die im Herbst durch die Stürme umgeknickt sind, liegen auf dem Boden. Sie werden zum Sägewerk gebracht. Dort sägt man aus dem Holzstamm lange Holzbretter. Doch zuvor müssen die Äste des Baumes entfernt werden. Sonst können die Pferde die Stämme nicht aus dem Wald schleppen. Die Waldarbeiter sind zusammen mit Bauer Hölzl dabei, die Baumstämme zu bearbeiten. Kleinere Stämme, aus denen keine Bretter mehr gemacht werden können, werden klein geschnitten. Sie dienen als Brennholz für den Kamin.

Kurz vor Weihnachten fährt Bauer Hölzl mit dem Schlitten in den Wald. Er möchte einen Tannenbaum holen. Ob er einen schönen gefunden hat? Tannenbäume für Weihnachten werden auf besonderen Plätzen angepflanzt. Nur diese dürfen auch geschnitten werden.

Theresa und Franz begleiten ihren Vater gern in den Wald. Dort gibt es viele Tierfährten zu entdecken.

Heute bringen sie den Rehen und den Hasen Futter, damit sie im Winter nicht verhungern müssen. Dazu haben sie eine Futterkrippe gebaut. Sie hat sogar ein Dach, damit das Futter im Winter nicht nass wird und der Schnee es nicht zudecken kann.

Kannst du ein paar Tiere im Wald entdecken, die sich schon auf das Futter freuen?

Auch die Obstbäume werden jetzt im Winter, am besten im Februar, geschnitten. In dieser Zeit steigt noch kein Wasser von den Wurzeln bis in die Baumkrone. Deshalb können die Äste gekürzt werden, ohne dass der Baum darunter leidet. Im Sommer oder Herbst trägt der Baum dann mehr Früchte.

Im Wald leben natürlich auch Eichhörnchen, Mäuse, Uhus und viele andere Tiere. Oft kommen sie zum Waldbauernhof zu Besuch. Wie viele verschiedene Tiere kannst du hier zählen?

Geschichten
vom bayerischen Bauernhof

Erzählt von
Biba, dem Entenküken

Auf diesem Hof lebe ich. Der Teich mit den Enten ist meine Heimat. Die Gänse laufen auf dem Hof und der Wiese herum. Siehst du das Storchennest auf dem Dach?

Wir haben viele Kühe. Sie bleiben immer im Stall. In Bayern haben fast alle Kühe braune und weiße Flecken. Manchmal sind sie auch ganz braun.

Die Kühe können sich im Laufstall frei bewegen. Es gibt Liegeboxen, die mit Stroh ausgelegt sind. Da können sich die Kühe hinlegen und wiederkäuen. So nennt man es, wenn sie das Gras und den Mais verdauen, den sie vorher gefressen haben. Frisches Wasser bekommen sie an den Trinkautomaten. Das ist eine Schale mit einem Hebel darin. Wenn die Kuh mit ihrem Maul den Hebel hinunterdrückt, fließt Wasser in die Schale.

Jeden Morgen und jeden Abend werden die Kühe im Stall gemolken. Dazu müssen der Bauer und die Bäuerin sehr früh aufstehen. Morgens um vier Uhr beginnt die Stallarbeit, im Sommer und im Winter. Zum Melken kommen die Kühe an den Melkstand. Die Melkmaschine wird an die Zitzen des Euters angesetzt und saugt daran wie ein Kälbchen. Von da fließt die Milch durch Schläuche und Rohrleitungen bis zu einem großen Tank. Dort wird die Milch gekühlt und aufbewahrt, bis der Milchtankwagen kommt und die Milch abholt.

Der Bauer bringt mit dem Traktor das Futter herein, dann wird es mit der Gabel und der Schaufel in die Futtertröge verteilt. Einmal am Tag wird der Stall ausgemistet. Das alte Stroh wird zum Misthaufen gefahren, und neues Stroh wird ausgelegt.

Gleich hinter dem Kuhstall ist der Teich. Dort lebe ich mit meiner Familie. Wir sind Enten, also Vögel, die auf dem Wasser leben. Wenn das Wetter schlecht ist, klettern wir gerne in unser Entenhäuschen. Da regnet es nicht hinein, und wir haben es trocken und warm. Wir Entenkinder spielen dort auch gerne Verstecken. Manchmal kommen auch die Gänseküken zu Besuch.

Wir haben weiße Federn und einen gelben Schnabel. Damit unsere Federn auf dem Wasser nicht nass werden, fetten wir sie jeden Tag sehr sorgfältig mit dem Fett aus der Bürzeldrüse ein. Zwischen den Zehen haben wir Schwimmhäute, deshalb können wir so gut schwimmen.

Wenn wir im Wasser nach Futter suchen, müssen wir nicht das ganze Wasser mitschlucken. An unserem Schnabel gibt es an der Innenseite Hornlamellen. Sie arbeiten wie ein Sieb. Das Wasser fließt ab und das, was wir fressen können, bleibt im Schnabel zurück. Praktisch, nicht? Aber wir fressen nicht nur Tiere, die im Wasser leben, wie kleine Fische, Insekten, Kaulquappen, Muscheln und kleine Frösche, sondern auch Grassamen, Körner, Würmer und Wasserpflanzen. Besonders gut schmecken uns Schnecken. Deshalb würden wir gerne in den Gemüsegarten gehen. Aber die Bäuerin lässt uns nicht, denn der Salat schmeckt uns auch sehr gut, und den möchte die Familie Hinterseer gerne selber essen.

Warum ich noch keine weißen Federn habe? Na, weil ich noch ein Küken bin. So heißen die Kinder der Enten. Ich habe noch ganz gelbe flaumige Kükenfedern. In Bayern nennt man die Küken Biberl, und daher habe ich auch meinen Namen, Biba.

Wie das genau passiert ist, erzähle ich dir jetzt. Wenn Enten Kinder bekommen, legen sie ein Ei. Wenn das Ei befruchtet und ausgebrütet ist, schlüpft daraus ein kleines gelbes Küken. Am Anfang ist es noch ganz nass, denn im Ei ist es feucht. Dann aber trocknen die Federn und werden ganz weich und flaumig.

Alle Küken werden von der Mutter gefüttert, bis sie so groß sind, dass sie selbst für ihre Nahrung sorgen können. Als ich aus meinem Ei geschlüpft bin, da war ich so klein und schwach, dass ich meine Mama nicht gefunden habe. So habe ich auch nichts zu essen bekommen und bin immer müder und schwächer geworden.

Schließlich hat mich Matthias gefunden. Das ist der jüngste Sohn von Bauer Hinterseer. Er hat mich mit ins Haus genommen und mir meinen Namen gegeben. Dann haben sie mich gefüttert. Mit Milch und Katzenfutter. Das hat gar nicht so schlecht geschmeckt. Und schwimmen habe ich in der Badewanne gelernt. Das war lustig. Entenküken können bald nach der Geburt schwimmen. Aber am Anfang müssen sie das Paddeln noch üben. Als ich dann gewachsen bin und wieder Kraft hatte, haben sie mich wieder zu meiner Mutter zurück zum Teich gebracht. Da waren auch alle meine Geschwister. Seitdem lebe ich dort. Matthias kommt mich jeden Tag besuchen.

Auf der Wiese neben dem Teich leben die Gänse. Sie sind zwar auch Wasservögel, aber sie halten sich oft im Gras auf. Sie sind viel größer und schwerer als wir Enten. Die Gänseküken sehen den Entenküken sehr ähnlich. Sie sind auch gelb und flaumig, haben aber einen längeren Hals und sind von Anfang an etwas größer. Sie kommen im Frühling zur Welt. Die Eltern füttern ihre Küken nicht, sie müssen von Anfang an alleine fressen. Aber die Gänseeltern zeigen ihren Kindern, was sie fressen können und wo sie es finden. Gänse fressen vor allem Gras, Samenkörner und Wasserpflanzen.

Anders als Entenfamilien schließen sich bei den Gänsen meistens mehrere Familien zu einer Herde zusammen. So fühlen sie sich sicherer. Gänse haben übrigens sehr gute Ohren. Man sieht sie nicht, denn sie liegen seitlich hinter den Augen am Kopf. Sie hören sogar besser als jeder Wachhund. Wenn jemand auf den Hof kommt, den sie nicht kennen, dann schnattern und schimpfen sie ganz laut und aufgeregt. Dann wissen wir alle, dass wir aufpassen müssen.

Übrigens können Enten und Gänse auch fliegen, aber oft tun wir es nicht. Wenn wir uns auf einem Teich oder in einem kleinen Bach wohlfühlen, bleiben wir da und schwimmen lieber ein bisschen.

Auf einem Acker von Bauer Hinterseer wächst Weizen. Im Spätsommer ist er reif und wird geerntet. Dazu benutzt der Bauer die große Dreschmaschine.

Nicht jeder Bauer hat solch eine Maschine, denn sie ist teuer. Meistens schließen sich die Bauern aus einer Gegend zusammen und kaufen gemeinsam einen Mähdrescher.

Der Mähdrescher schneidet mit scharfen Messern die Getreidehalme kurz über dem Boden ab. Die Halme fallen auf ein Förderband, das sie ins Innere der Maschine bringt. Dort gibt es viele Walzen mit Zacken, die die Körner aus den Ähren schlagen. Das nennt man Dreschen. Die Körner werden über ein Rohr auf einen Wagen geblasen. Hier fährt der älteste Sohn von Bauer Hinterseer den Wagen. Er bleibt immer dicht beim Mähdrescher, damit die Körner nicht danebenfallen.

Die Halme und leeren Ähren fallen hinten aus dem Mähdrescher wieder auf das Feld. Das ist das Stroh für den Kuhstall. Später fährt der Traktor mit der Ballenpresse auf das Feld. Die Ballenpresse sammelt das Stroh auf, wickelt es zu einem großen Ballen auf und presst es zusammen. Dann wird der Ballen mit einem Netz überzogen und hinten aus der Ballenpresse ausgeworfen. Solange es nicht regnet, kann das Stroh auf dem Feld liegen bleiben. Aber bald fährt Herr Hinterseer wieder mit dem Traktor auf das Feld. Diesmal hat er den Frontlader dabei. Damit werden die Strohballen hochgehoben und auf den Ladewagen gelegt.

In der Scheune gibt es auch viele Mäuse. Denn in dem Stroh gibt es immer noch viele kleine Weizenkörner, die die Mäuse fressen.

Unsere Katze Minnie jagt die Mäuse in der Scheune. Sie ist natürlich nicht die einzige Katze auf dem Hof. Außer ihr leben noch Kater Mockl und der alte Felix hier. Sie alle jagen die Mäuse im Stall und im warmen Stroh in der Scheune.

Katzen haben scharfe Krallen, die ihnen beim Klettern helfen. Sie können die Krallen auch einziehen, wenn sie sie gerade nicht brauchen. Katzen können sehr gut hören. Sie können auch im Dunkeln noch sehr gut sehen. Ihre Schnurrhaare helfen ihnen, sich in engen Räumen zurechtzufinden, und der Schwanz hilft beim Balancieren auf schmalen Geländern.

Alle Katzen haben scharfe Zähne. Auf dem Bauernhof jagt die Katze Mäuse, die sie genauso gerne frisst wie Fische und manchmal auch Vögel. Die Katze ist ein Raubtier, auch wenn sie gerne gestreichelt wird. Ist sie satt und zufrieden, schnurrt sie. Wenn sie allerdings einen Buckel macht und faucht, solltest du sie besser in Ruhe lassen. Dann fühlt sich die Katze bedroht und kann beißen und kratzen!

Erwachsene Katzen verschlafen die meiste Zeit. Nur morgens und in der Dämmerung gehen sie auf die Jagd. Zweimal im Jahr kann eine Katze Junge bekommen.

In einer Ecke der Scheune hat sich Minnie ein weiches Nest gebaut. Dort hat sie fünf kleine Kätzchen zur Welt gebracht. Ich muss einmal sehen, wie es ihnen geht.

Die kleinen Kätzchen sind taub und blind und finden nur mit dem Geruchssinn zur Mutter. Erst nach etwa zwei Wochen öffnen sie die blauen Augen. Später bekommen sie ihre richtige Augenfarbe. Die Katzenkinder beginnen auf wackeligen Beinen ihre Welt zu erkunden.

Die Katzenmutter passt sehr gut auf ihre Jungen auf. Wenn ihnen Gefahr droht, trägt sie die Kinder an einen sicheren Platz. Ab und zu holt sie eines von ihnen ganz nah zu sich heran und putzt es sehr sorgfältig. Danach darf es dann wieder mit den Katzengeschwistern spielen und toben. Die Jungen lernen bald das Anschleichen und Zupacken, das Klettern und Springen.

Bald können sie sich auch selbst putzen. Mit ihrer rauen Zunge fahren sie über das ganze Fell und säubern es von Staub und losen Haaren. Wie die ausgewachsenen Katzen machen sie hin und wieder eine Pfote nass und streichen sich über die Haare auf dem Kopf, an die sie mit der Zunge nicht herankommen. Aber erst nach acht bis zwölf Wochen brauchen die Katzenkinder ihre Mutter nicht mehr. Dann dauert es noch etwa ein Jahr, bis die Kätzchen wirklich ausgewachsen sind. Bis dahin sind sie sehr verspielt.

Weil die Katzen für den Bauern so wichtig sind, bekommen sie jeden Morgen und jeden Abend, wenn die Kühe gemolken werden, von der Bäuerin ein Schälchen frische Milch.

Die kleinen Kätzchen schnurren vor Wonne, wenn sie Milch bekommen.

Im Herbst werden die Äpfel und die Birnen reif. Bei der Apfelernte helfen die Kinder tüchtig mit. Viele Äpfel werden auf dem Markt verkauft, aber es werden auch viele zum Saften gebracht.

Viele Obstsorten, die du im Laden kaufen kannst, wachsen auf Bäumen. Im Frühjahr blühen die Kirschbäume zuerst. Sie haben weiße Blüten.

Dann kommen die Apfelbäume und die Birnbäume. Ihre Blüten sind rosafarben. So viele Blüten ein Baum hat, so viele Äpfel kann er im Herbst haben. Aber nicht aus jeder Blüte wird wirklich einmal ein Apfel. Viele weht der Wind schon hinunter, wenn sie noch grün sind, andere dienen als Futter für Vögel und Insekten. Wenn die Äpfel im Herbst rote Backen haben, werden sie geerntet.

Weißt du, wie du herausfinden kannst, ob ein Apfel reif ist? Wenn du ihn aufschneidest und die Apfelkerne braun sind, ist er reif und du kannst ihn essen. Wenn sie noch weiß sind, ist er noch unreif und du bekommst Bauchweh, wenn du ihn isst.

Äpfel werden mit der Hand gepflückt oder mit einem Apfelpflücker an einer Stange. Aber fast immer muss man sich auf eine Leiter stellen, denn Apfelbäume können sehr groß werden.

Es gibt Lageräpfel, die erst gut schmecken, wenn sie eine Zeit lang gelagert werden. Die sind gut für den Winter. Und es gibt Äpfel, die kann man gleich vom Baum essen.

Sehr alte Apfelbäume bekommen meistens Äpfel, die man nicht mehr essen kann. Aus diesen Äpfeln kann man aber Saft machen. Dazu werden die Äpfel gepresst und der Saft gefiltert.

Im Herbst, vor dem ersten Frost, wird der Futtermais geerntet. Der Futtermais sieht zwar so ähnlich aus wie der Gemüsemais, den du auch isst, aber er enthält viel mehr Stärke und ist nicht so süß. Der Mais wird für die Kühe angebaut. Etwa im Mai kann er gesät werden. Bald wachsen aus den kleinen Maiskörnern große stattliche Pflanzen heran, die bis zu zwei Meter groß werden können. In einem Maisfeld kann man sich verirren, weil man nicht mehr hinaus sieht. Für die Maisernte kommt der große Maishäcksler auf den Hof. Er hat vorne scharfe Zacken, mit denen er die Maispflanzen trennt. Einige wenige Reihen Mais können so gleichzeitig geerntet werden.

Der Maishäcksler schneidet die Pflanzen etwa 25 Zentimeter über dem Boden ab. Dann werden sie ins Innere der Maschine gezogen und über Rollen und Walzen weiterbefördert.

Eine Walze ist mit scharfen Messern versehen, die die ganze Pflanze mit Halm, Blättern und Maiskolben ganz klein schneidet. Das nennt man häckseln. Die Stücke sind dann noch etwa so groß wie eine Haselnuss.

Der Maishäcksel wird von der Maschine über ein großes Blasrohr auf einen Ladewagen geblasen. Hier fährt Frau Hinterseer einen Ladewagen, und hinter ihr siehst du Bauer Huber mit einem zweiten Ladewagen. Der Ladewagen muss immer ganz nahe am Maishäcksler bleiben, das ist gar nicht so einfach.

Der Mais wird dann zu einem Silo gefahren. Dort wird er schichtweise aufgetürmt und mit einer Plane bedeckt, damit er bis zum Winter nicht verdirbt, oder er kommt in ein Hochsilo. Meist arbeiten bei der Maisernte mehrere Bauern zusammen, damit es schneller geht. Beim Silieren darf es nicht regnen, sonst verdirbt das Futter.

Auf dem Hinterseer-Hof gibt es auch einen Storch. An den weißen Federn, den schwarzen Flügeln, dem roten langen Schnabel und den roten Beinen kannst du ihn gut erkennen. Unser Storch hat vor vielen Jahren sein Nest aus Zweigen und kleinen Ästen auf dem alten Dach des Kuhstalls gebaut. Jedes Jahr im Herbst fliegt er nach Süden, um den Winter in Afrika zu verbringen. Im Frühling kehrt er wieder hierher zurück. Meistens bringt er dann eine Störchin mit. Dann bessern die beiden das Nest aus, und die Störchin legt ein Ei.

Wenn das Ei ausgebrütet ist, schlüpft ein Storchenküken heraus. Es ist schon ziemlich groß, wenn es auf die Welt kommt. Ein ausgewachsener Storch wird etwa einen Meter groß. Das Storchenküken wird lange im Nest gefüttert. Denn erst wenn es fliegen kann, kann es selbst für seine Nahrung sorgen. Störche fressen Fische, Frösche und Eidechsen, aber auch Mäuse. Storchennester findet man auch in feuchten Wiesen oder Sumpfgebieten.

Heute sind die Störche bei uns sehr selten geworden. Störche können weder singen noch einen anderen Laut machen. Sie können nur mit den Schnäbeln klappern. Das machen sie auch, wenn sie ihr Junges beschützen wollen. Von diesem Klappern rührt der Name Klapperstorch.

Im Winter sind die meisten Felder des Hinterseer-Hofes abgeerntet und leer. Die Stoppeln werden untergepflügt. Auf einem Feld wird noch Winterweizen gesät. Alle Tiere sind im Stall.

Hier siehst du, wie der Boden im Winter für die nächste Saat vorbereitet wird. Nach der Ernte fährt der Bauer mit dem Traktor und dem Pflug auf das Feld.

Die Pflugscharen, das sind die großen Messer des Pfluges, reißen die Erde auf, drehen sie um und legen sie wieder ab. So wird viel Erdreich auf einmal umgegraben. Die Pflanzenreste gelangen unter die Erde. Dort werden sie wieder zu Erde und wirken als Dünger für die nächsten Pflanzen, die auf dem Acker wachsen.

Auf den meisten Feldern siehst du im Winter die umgepflügte Erde. Nur für den Winterweizen geht die Arbeit jetzt noch weiter. Mit der Egge wird die umgepflügte Erde gelockert und etwas geglättet.

Dann fährt der Traktor mit der Walze über den Acker
und glättet die Erde noch mehr.

Jetzt kommt die Sämaschine an die Reihe. Oben in den Behälter wird das Saatgut geschüttet. Auf dem Acker ziehen scharfe Zähne Rillen in die geglättete Erde. Gleichzeitig fallen die Samenkörner in die Erde.

Der Winterweizen wird im Winter gesät und im Frühjahr geerntet. Alle anderen Ackerpflanzen werden im Frühjahr gesät und im Herbst geerntet. Der Weizen wird verkauft und zum Beispiel zu Mehl verarbeitet. Daraus werden Brot, Kuchen und Brötchen gebacken.

Während des ganzen Jahres wird auf den Feldern auch gedüngt. Meist geschieht das mit dem Mist aus dem Kuhstall.

Es gibt Stallmiststreuer, die den ganzen Mist auf dem Feld verteilen, und Jauchewagen. In diese pumpt der Bauer die flüssige Jauche und spritzt sie dann wieder auf das Feld. Hast du schon einmal gerochen, wie das stinkt? Für das Düngen ist das Wetter wichtig. Am liebsten düngen die Bauern, kurz bevor es regnet. Der Regen kann dann die Nährstoffe gut im Boden verteilen.

Geschichten
vom Bergbauernhof
Erzählt von
Poppi, dem Welpen

Hier siehst du unseren Bergbauernhof auf der Alm. Überall auf den Wiesen blühen Blumen und Kräuter. Die Ponys stehen auf der Weide. Die Hennen scharren im Hof. Auf dem Balkon blühen die Geranien.

Zuerst führe ich dich einmal zu unseren Ponys. Wie du sicher weißt, sind Ponys keine Pferdekinder, sondern richtige kleine Pferde, auf denen Kinder besonders gut reiten können, weil sie nicht so groß sind.

Am Hals haben Pferde eine Mähne. Mit ihrer großen Nase können sie gut riechen. Auch hören können sie gut. Ihre Ohren können sie nach fast allen Seiten bewegen. Wenn du auf ein Pferd zugehst, musst du das langsam und vorsichtig tun, denn Pferde sehen nicht sehr gut. So können sie leicht erschrecken und springen dann davon.

Pferde fressen Gras, Hafer, Gerste, Maishäcksel und manchmal auch Obst. Wenn du ihnen etwas zu fressen geben willst, legst du es am besten auf die flache Hand. Dann wird das Pferd die weichen, beweglichen Lippen benutzen, um die Nahrung aufzunehmen, und dich nicht aus Versehen beißen.

Das weibliche Pferd, die Stute, kann jedes Jahr ein Junges, das Fohlen, zur Welt bringen. Die Fohlen sind anfangs noch sehr wackelig auf den Beinen. Aber sie können gleich laufen und bleiben bei der Mutter. Ein Fohlen wird zwar sechs Wochen lang gesäugt, aber nach zwei Wochen beginnt es bereits, auch Gras von der Weide zu fressen.

Wir haben erst gestern ein Fohlen bekommen, sieh mal, es ist noch ganz klein, aber schon ein richtiges Pferd.

Wir haben viele Kühe. Die meisten haben ein hellbraunes Fell. Nur ganz wenige haben Flecken.

Im Winter stehen die Kühe im Stall, im Sommer werden sie auf die Weide geführt. Weil bei uns am Hof nicht genug Platz ist, werden die Kühe, wenn es draußen schön warm ist, auf die Alm gebracht.

Eine Alm ist eine Wiese hoch oben in den Bergen. Dorthin werden die Kühe im späten Frühjahr getrieben, wenn es wirklich keinen Schnee mehr gibt. Die Kühe bleiben den ganzen Sommer auf der Alm und werden von einem Senner oder einer Sennerin gehütet und natürlich morgens und abends gemolken.

Im Herbst, wenn es bei uns in den Bergen anfängt zu schneien, werden die Kühe wieder ins Tal geführt. Das nennt man Almabtrieb. Dazu feiern wir ein Fest. Die Kühe werden geschmückt und durch das ganze Dorf geführt. Dann kommen sie zurück in den Stall. Dort bleiben sie bis zum späten Frühjahr.

Im Winter werden die Kühe im Stall mit Gras aus dem Silo gefüttert. Bauer Moser mistet den Stall jeden Tag aus und fährt den Mist auf den Misthaufen. Morgens und abends werden die Kühe gemolken. Früher hat die Bäuerin noch mit der Hand gemolken, aber heute haben wir eine Melkmaschine. Später wird die Milch dann von einem Milchtankwagen abgeholt und zur Molkerei gebracht. Was da mit der Milch passiert, siehst du auf der nächsten Seite.

Hier siehst du, was passiert, wenn der Milchtankwagen die Milch abgeholt hat. Er fährt zuerst noch zu vielen anderen Höfen, um auch dort die Milch abzuholen. Im Tankwagen wird die Milch ständig gekühlt, damit sie nicht sauer wird. Dann bringt er die Milch zur Molkerei. So nennt man den Betrieb, der die Milch weiterverarbeitet. Weißt du, was alles aus Milch gemacht wird?

Die Milch wird zuerst im Labor untersucht. Dann wird sie kurz erhitzt, um Keime abzutöten. Das nennt man Pasteurisieren. Danach wird sie durch ganz kleine Filter gepresst. Dabei vermischt sich die Sahne mit dem Rest der Milch. Das nennt man Homogenisieren. Die so behandelte Milch kannst du dann im Supermarkt kaufen. Aber aus Milch wird noch viel mehr gemacht.

Mit ganz speziellen Keimen entsteht aus der Milch Jogurt. Wenn noch Früchte dazugegeben werden, entsteht Fruchtjogurt. Auch Käse kann man aus der Milch machen. Gerade bei uns in den Bergen wird viel Käse gemacht und gegessen. Sogar ich mag ihn.

Aus Milch wird auch Butter, Quark, Sahne und Sauerrahm gemacht, aber auch Kondensmilch für den Kaffee und Milchpulver.

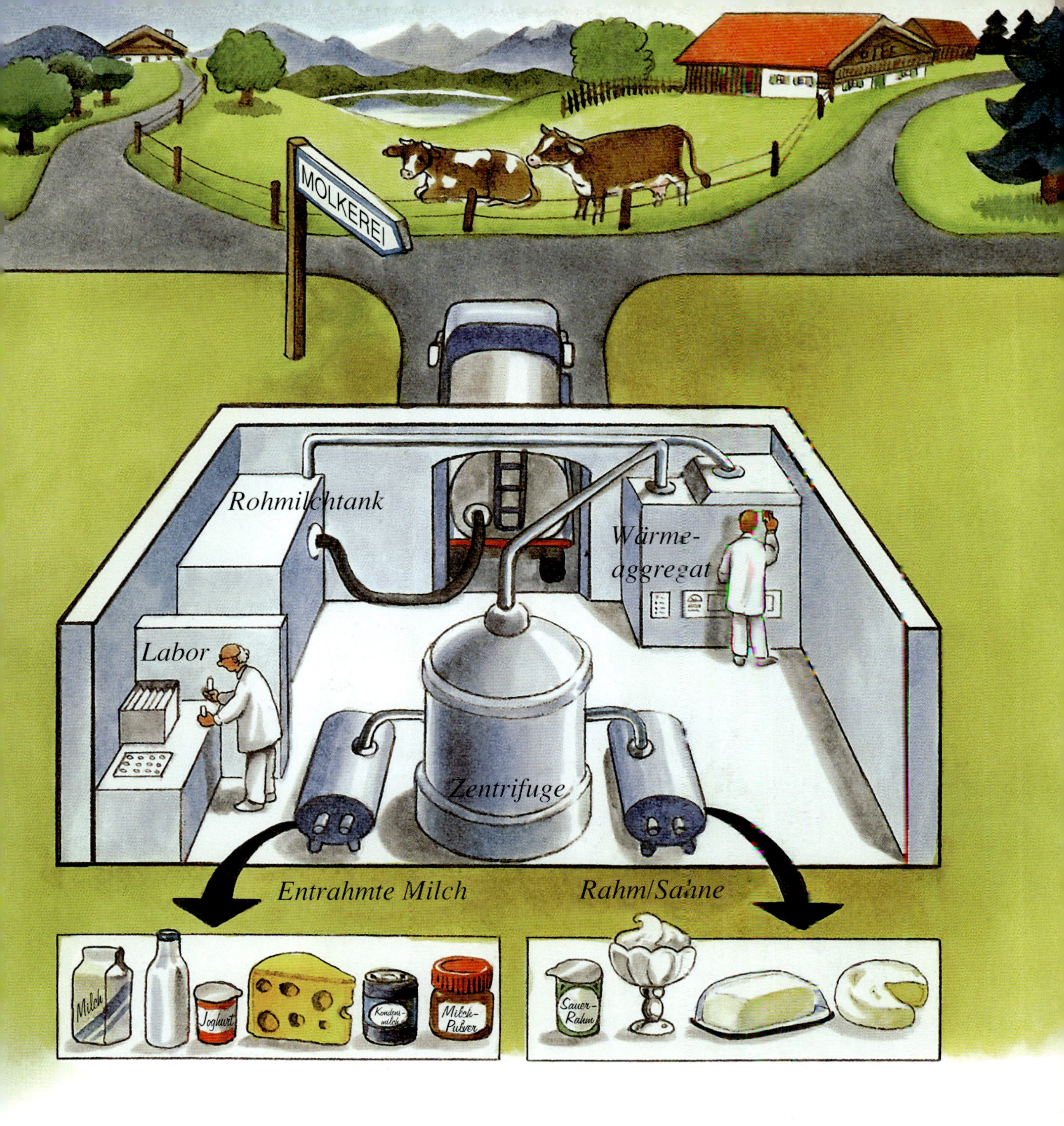

Etwa alle zwei Tage kommt ein Prüfer auf den Bauernhof und sieht nach, ob es den Kühen gut geht. Auch die Milch wird streng kontrolliert. Es wird untersucht, wie viel Fett und Eiweiß darin enthalten ist. Vitamingehalt und Kalziumwert werden überprüft. So kannst du sicher sein, dass Milch immer gut schmeckt und gesund ist.

Im Sommer ernten wir das Heu auf den Wiesen rund um den Hof herum. Bei uns werden viele Wiesen noch mit der Sense geschnitten.

Morgens weckt uns immer der Hahn. Am liebsten steht er auf dem Misthaufen und kräht: „Kikeriki!“ Manchmal jage ich ihn zum Spaß ein bisschen, dann kräht er auch, weil er das nicht mag. Aber auf dem Misthaufen hat er seine Ruhe vor mir. Der Geruch dort gefällt meiner Nase gar nicht.

Der Hahn ist ein männliches Huhn. Er hat lange, bunt schillernde Schwanzfedern und trägt auf dem Kopf einen großen roten Kamm. Das weibliche Huhn heißt Henne. Es hat nur kurze Schwanzfedern und einen kleinen Kamm. Die Hühner auf dem Hof laufen überall herum. Mit ihren harten, spitzen Schnäbeln suchen sie nach Körnern, Samen, Käfern, Würmern und Schnecken.

Joschi und Sabine, die Kinder von Bauer Moser, müssen die Eier immer suchen gehen, denn die Hennen legen sie mal unter einen Busch, mal in die Wiese. Eine Henne legt etwa jeden Tag ein Ei. Ein Hahn kann keine Eier legen. Aber er kann ein Ei befruchten, so dass ein kleines Küken daraus entstehen kann. Dazu muss die Henne das Ei etwa drei Wochen ausbrüten.

So ein Küken ist winzig klein und gelb. Kurze Zeit nach dem Schlüpfen braucht es viel Wärme und Schutz. Denn von den Katzen und den großen Raubvögeln droht Gefahr. Schon kurz nach dem Schlüpfen kann das Küken laufen, auf dem Boden scharren, picken und fressen.

Hier siehst du noch einmal, wie bei uns das Gras gemäht wird. Auf den steilen und oft nicht sehr großen Bergwiesen kann man nicht mit einem Mähwerk mähen. Hier mähen wir nur mit der Sense. Ich bin natürlich immer dabei.

Wichtig ist, dass die Schneide der Sense immer sehr scharf ist, denn sie schneidet das Gras kurz über dem Boden ab. Die Halme fallen einfach auf den Boden.

Immer wieder muss die Schneide mit dem Schleifstein nachgeschärft werden. Das Arbeiten mit der Sense ist sehr anstrengend, und man kommt nur langsam voran.

Nach dem Mähen bleibt das Gras ein bis zwei Tage liegen, damit es trocknen kann und zu Heu wird. Dann kommt das Rechen an die Reihe.

Mit dem Rechen wird das Gras zu langen Reihen gerecht. Dann werden die Reihen zu Haufen aufgeschichtet. Jetzt kommt der Heuwagen. Mit der Heugabel werden die trockenen Heuhaufen auf den Wagen geladen. Joschi und Sabine sind oben auf dem Wagen und verteilen das Heu. Das ist lustig, denn das Heu piekst und kitzelt überall.

Wenn der Wagen voll ist, ziehen ihn die Ponys vorsichtig zurück zum Hof. Dabei müssen wir aufpassen, dass der Wagen nicht umkippt. Auf dem Hof kommt das Heu in den Heuschober. So nennen wir die Scheune.

Die Honigbienen wohnen in Bienenstöcken. Jeder Schwarm hat seinen eigenen Stock, den die Bienen an der Farbe erkennen. Jeder Schwarm besteht aus vielen Bienen, die zusammenarbeiten, um Honig herzustellen.

Der Honig entsteht, indem die Bienen Blüten besuchen. In diesen Blüten finden die Bienen Nektar. Das ist eine zuckerhaltige Flüssigkeit, die die Pflanzen herstellen. Die Bienen saugen den Nektar auf und geben ihn im Bienenstock an andere Bienen ab. Dort wird er in die Zellen einer Honigwabe gefüllt. Dann werden die Zellen mit Wachs verschlossen. Das Wasser im Nektar verdunstet mit der Zeit, und zurück bleibt dickflüssiger Honig.

Hier nimmt Bauer Moser eine solche Honigwabe aus dem Stock. Er trägt dabei Schutzkleidung, damit die Bienen ihn nicht stechen können.

Die Wabe kommt dann in eine Maschine. Dort wird sie geschleudert, bis der Honig herauskommt. Der Honig wird in Gläser abgefüllt und verkauft.

Weil die Bienen den Honig eigentlich als Nahrung benötigen, ist es wichtig, ihnen immer genügend Honig im Stock zu lassen, damit sie überleben können. Vor allem im Winter ist ein guter Vorrat wichtig, denn dann gibt es keine Blüten, und es kann kein neuer Honig hergestellt werden. Erst im Frühjahr, wenn die ersten Blumen blühen, können die Bienen sich wieder mit Nahrung versorgen. Die Blume, von der der Nektar stammt, bestimmt den Geschmack des Honigs.

Wir haben auf unserem Hof natürlich auch einen Gemüsegarten. Im Gewächshaus wachsen Gurken, Tomaten und Salat, auf den Beeten draußen Zwiebeln und Kräuter. Da gibt es Petersilie, Liebstöckel, Schnittlauch, Salbei, Dill und Bohnenkraut. Der Schnittlauch blüht im Frühsommer wunderschön. Dann hat er lilafarbene Blüten.

Rund um den Garten hat Bäuerin Moser Beerenbüsche gepflanzt. Dort gibt es Himbeeren, Brombeeren, rote und schwarze Johannisbeeren und Stachelbeeren. Beim Beerenzupfen helfen die Kinder. Aus Himbeeren, Brombeeren und Stachelbeeren kocht die Bäuerin Marmelade ein. Die Johannisbeeren werden zu Saft gepresst. Heute wird ein Entsafter dazu verwendet. Das ist eine Maschine, die die Beeren so lange schleudert, bis der Saft herauskommt. Aus dem Saft kann man dann ein Gelee kochen oder ihn mit Wasser verdünnt trinken.

Früher wurden die Beeren in ein Tuch gegeben. Dann hat man mit einem Knebel das Tuch so lange zugedreht, bis der Saft durch das Tuch herausgetropft ist.

Einmal wollte ich versuchen, wie die Brombeeren schmecken, aber das mache ich bestimmt nie wieder. Der Brombeerstrauch hat nämlich ganz viele Dornen. Da bin ich mit meinem Fell hängengeblieben und alleine nicht wieder herausgekommen. Je mehr ich es versucht habe, desto mehr hat mich der Strauch festgehalten. Zum Glück hat Joschi mich befreit!

Im Herbst wird es auf dem Bauernhof
kühl. Manchmal fällt sogar schon Schnee.
Die Kühe werden von der Alm geholt
und in den Stall gebracht.

Jetzt werde ich einmal meine Freundin Tinka besuchen. Sie ist ein Hund so wie ich.

Hunde stammen zwar ursprünglich von den Wölfen ab, sind heute aber sehr anhänglich und beschützen Menschen und Tiere.

Es gibt etwa 200 verschiedene Hunderassen. Hunde haben eine Schnauze mit Tasthaaren. Unsere Nasen sind immer feucht und kalt. Wir Hunde haben einen guten Geruchssinn. Wir können etwa 600 verschiedene Gerüche unterscheiden, manchmal auch mehr. Hunde hören auch sehr gut. Allerdings können wir nicht besonders gut sehen. Vor allem in der Dunkelheit müssen wir uns auf unseren Geruchssinn und unser Gehör verlassen. Hunde fressen vor allem Fleisch, aber auch Gemüse, Reis, etwas Obst und Käse. Das ist vor allem meine Leibspeise.

Hunde können lange laufen. Bewegliche Zehen und kurze Krallen helfen uns, auch auf steinigem Gelände sicher laufen zu können.

Die meisten Hunde jagen alles, was sich vor ihnen schnell bewegt. Meistens geschieht dies aus Neugierde, denn wir Hunde wissen nicht, was sich da bewegt, wenn wir es nicht riechen können. Deshalb sollte man vor Hunden nicht weglaufen. Wenn ein Hund bellt, ist er aufgeregt. Das kann aus Freude sein oder er will dich warnen. Ein normaler Hund beißt nicht, wenn er sich nicht bedroht fühlt.

Wenn du einen Hund kennen lernen willst, halte ihm am besten die ausgestreckte Hand hin, damit er dich beschnuppern kann. Das solltest du aber nicht mit Hunden tun, die keinen Besitzer dabei haben.

Jetzt sind wir schon bei Tinka. Tinka hat Junge bekommen. Welpen nennt man die Hundekinder.

Sind sie nicht niedlich, wie sie in der Kiste herumpurzeln? Wenn sie auf die Welt kommen, sind sie fast taub und blind. Nur mit ihrem Geruchssinn finden sie zur Mutter. Von ihr werden sie acht Wochen lang gesäugt. Aber selbst dann sollten sie möglichst noch vier Wochen bei ihr bleiben, bevor sie von ihr getrennt werden. In den ersten zwölf Wochen lernen die Welpen nämlich alles, was sie später brauchen. Sie spielen und raufen mit ihren Geschwistern. Dabei lernen sie auch, miteinander zu spielen, ohne sich zu verletzen. Manchmal wird der Hundemutter das Raufen und Toben zu viel, dann trennt sie auch schon einmal die Streithähne.

Tinka ist eine sehr fürsorgliche Mutter. Sie beschützt ihre Welpen, putzt und schleckt sie, damit sie immer sauber sind. Die Fellpflege ist für Hunde sehr wichtig, denn sie erkennen sich gegenseitig am Geruch. Auch später brauchen Hunde viel Aufmerksamkeit und Pflege.

Wenn Hunde etwa sechs Monate alt sind, können die Menschen beginnen, sie zu erziehen. Man kann Hunden viele Dinge beibringen. Hier in den Bergen gibt es zum Beispiel Lawinenhunde, die mit ihrem ausgeprägten Geruchs- und Spürsinn Lawinenopfer unter dem Schnee finden können. Mit etwa drei Jahren sind Hunde erwachsen. Sie können 15 bis 18 Jahre alt werden.

Tinka und ihre Hundebabys brauchen noch viel Ruhe, deshalb werde ich euch jetzt einmal die Ziegen zeigen, die bei uns leben.

Unsere Ziegen klettern auf der steilen Wiese hinter dem Haus herum. Weil sie sehr viel Hunger haben und einfach alles fressen, was grün ist, leben sie in einem Gatter. Sie mögen Gras und Kräuter, Blumen und Gemüse, aber sie fressen auch Brennnesseln und Disteln und sogar Blätter von den Bäumen und Büschen.

Ziegen haben gelbe Augen, seitliche Ohren und kurze Hörner. Unter dem Hals haben sie kleine Hautanhänge. Man nennt sie Glöckchen. Sie haben einen kurzen Schwanz, der kaum zu sehen ist. Die männliche Ziege heißt Ziegenbock. Er hat meistens einen kleinen Bart unter dem Kinn und ist an seinem scharfen Geruch zu erkennen. Die weibliche Ziege gibt Milch, die die Ziegenkinder, die Zicklein, trinken. Menschen können auch Ziegenmilch trinken.

Bei uns macht die Bäuerin Käse aus der Ziegenmilch. Den mag ich besonders gerne, weil er säuerlich schmeckt.

Mit den Zicklein spiele ich gerne. Sie machen lustige Sprünge und rennen davon, wenn ich sie jage. Nur vor dem Ziegenbock muss ich mich in Acht nehmen. Mit seinen Hörnern kann er mich ganz schön stoßen. Aber meistens ist er zu sehr mit Fressen beschäftigt.

Im Winter wird es auf dem
Bergbauernhof sehr ruhig.
Jetzt haben wir Zeit für Gäste,
die zu uns kommen, um in
den Bergen Ski zu fahren.

Manchmal gehen wir im Schnee spazieren. Dann können wir Gämsen sehen, die auf den Felsen herumklettern. Sie suchen nach Flechten und Moosen. Ich würde die Gämsen gerne jagen, aber auf dem glatten Fels und Eis kann ich mich nicht halten. So schaue ich ihnen eben aus der Ferne zu.

Einmal haben wir uns auf einem Baumstamm ausgeruht. Bauer Moser hat mir die Hälfte von seiner Brotzeit abgegeben. Da habe ich auf einmal etwas gehört. Natürlich habe ich gleich gebellt und meinem Herrchen gesagt, dass da etwas Ungewöhnliches ist. Schnell sind wir gemeinsam dorthin gelaufen. Es war gar nicht so einfach, denn der Schnee war sehr tief und ich bin fast darin versunken. Aber schließlich haben wir es doch geschafft.

Ein Skiläufer war von der Piste abgekommen und gestürzt. Alleine konnte er sich nicht helfen.

„Schnell“, rief Bauer Moser mir zu. „Lauf zum Hof zurück und hol Hilfe!“. Ich hatte es natürlich gleich begriffen, aber ich wollte mein Herrchen nicht alleine lassen. Schließlich bin ich aber doch losgerannt. Als ich auf dem Hof ankam, habe ich ganz laut gebellt und aufgeregt mit dem Schwanz gewedelt. Die Bäuerin hat gleich verstanden, dass da etwas passiert sein musste. Sie hat den Arzt angerufen und gemeinsam sind wir zu der Stelle gelaufen, an der mein Herrchen mit dem Skiläufer wartete.

Alle haben mich sehr gelobt. Und als wir gemeinsam wieder beim Hof waren, habe ich eine große Extrawurst zur Belohnung bekommen. „Was für ein kluger Hund!“, hat der Skiläufer zu mir gesagt.

Die Kinder fahren im Winter natürlich gerne Ski und Snowboard auf den Hängen rund um den Bergbauernhof. Aber auch mit Schlitten und sogar mit Plastikschüsseln machen sie sich an die Abfahrt. Der Winter ist bei uns in den Bergen eine wunderschöne Jahreszeit. Vielleicht kommst du ja auch einmal als Ferienkind zu uns auf den Bergbauernhof?